AF509625

DÉNONCIATION

D'UN PACTE

DE FAMINE GÉNÉRALE,

AU ROI LOUIS XV;

Ouvrage manuscrit, trouvé à la Bastille le 14 Juillet dernier, très-relatif au temps présent, & contenant des découvertes fort intéressantes sur les malversations & les déprédations secrettes de quelques hommes d'État;

Publié par M. THE. ***** DA. ***,
ancien Gendarme du Roi.

AVIS

Les personnes curieuses de voir le manuscrit du prisonnier, pourront s'adresser à M. Maradan, Libraire, Hôtel de Château-Vieux.

DISCOURS

PRÉLIMINAIRE.

Tous les Accapareurs du Royaume ont été inftruits des violentes fecouffes qu'ont éprouvé *les Berthiers & les Foulons ;* on a fait de ces deux célebres Publicains un exemple qui auroit dû nous préferver pour quelque temps de la rapacité de leurs femblables. Mais bien loin d'être effrayés, ces habiles fucceffeurs travaillent fans relâche à de nouvelles confpirations. C'eft bien le cas de s'écrier, mes chers Lecteurs, avec plus de raifon & de vérité que jamais : *Quid non mortalia pectora cogis, auri facra fames. . . .* Il y a des fiecles que nos Philofophes lancent les anathêmes les plus violens fur la cupidité des hommes. Quel bon effet a produit leur refpectable enthoufiafme ? On lit très-indifféremment la morale du vertueux Savant, on admire machinalement l'éloquence charitable de l'ami du pauvre ; mais on a toujours foif d'or ; & , pour s'en procurer , l'homme ambitieux rejette loin de lui tout fcrupule. Nous éprouvons à chaque inftant cette vérité funefte. Nous venons d'échapper encore à un projet mal concerté, dont les auteurs cachés feront indubitablement traînés à une lanterne vengereffe : en attendant qu'ils obtiennent cette jufte récompenf. de leurs forfaits, je vais dénoncer au Public des perfonnages comme il en voit depuis long-temps, c'eft-à-dire,

Des Miniftres prévaricateurs,

Des Magiftrats accapareurs,

Des Intendans monopoleurs,

Des Lieutenans de Police, complices, fauteurs & adhérens ;

Un pacte de famine générale,

Les claufes majeures dudit pacte,

Les noms de plufieurs des principaux conjurés.

Ces favoris de la fortune étoient fort éloignés de croire qu'un jour *enfin* le concours prodigieux de toutes les circonftances poffibles nous feroit connoître à fond l'énormité des crimes dont ils fe font rendus coupables envers le Peuple, fi long - temps victime de leurs criminelles fpéculations. Mais avant de parler de ma découverte précieufe, faifons une petite digreſſion ſur les affaires du temps. Ces Meſſieurs de l'Ariſtocratie ſont accablés de douloureux regrets ; humainement on doit les plaindre. Eh bien, Meſſieurs, la mine eſt donc éventée encore une fois? Je vous en fais mon compliment de condoléance. Que vous êtes donc mal-adroits! Vous vouliez affamer ces bons Pariſiens, & votre plan de famine eſt ſi mal conçu, qu'au lieu de réuſſir, vous les pouſſez à bout par vos bévues multipliées, ſoit dit entre nous ; vous vous y preniez bien gauchement pour nous faire périr d'inanition. Ne deviez-vous pas ſoupçonner un peu de probité & de patriotiſme à nos honnêtes Meuniers? Au lieu de leur donner de groſſes ſommes pour les exciter à ne pas moudre, n'étoit-il pas plus ſage à vous de ſatisfaire quelque patient créancier ? C'eût toujours été, comme diſent les bonnes gens, *un trou de bouché*. En vain vous avez ſemé les billets rouges & noirs ; vos petites ruſes diſpendieuſes n'ont point empêché nos Fariniers Citoyens de vous dénoncer à nos Diſtricts, Inquiſiteurs de vos malverſations.

Comme le dit très-judicieuſement le proverbe, *à quelque choſe malheur eſt bon*, béniffons la fainte Ariftocratie, puifqu'elle a ramené dans la Capitale le Pere des François, dont la préfence a opéré un grand miracle, je veux dire la multiplication des pains. Il faut donc fe réjouir de la journée du mardi 6 Octobre ; le tout a été pour le mieux, à cela près de quelques malheurs, fans doute inévitables en pareille occafion. Mais je ne puis paffer fous filence une cruauté toute particuliere, après le récit de laquelle je reviendrai à mes chers Accapareurs, Confpirateurs, &c. &c. &c.

Sans aucun détail fur les événemens de la journée du 6 Octobre, je dénonce à la générofité & à la fenfibilité de tous nos Diftricts un monftre mendiant, à longue barbe, vêtu à peu près en Arménien, & fervant quelquefois de modele aux Peintres & Sculpteurs du Louvre (c'eft fans doute lorfqu'ils veulent fidelement exprimer la férocité) ; fa phyfionomie eft celle d'un tigre, & fes yeux femblent annoncer tous les affaffinats qu'il doit commettre encore. Ce fcélérat a ofé fe mêler avec les Citoyens qui ont été à Verfailles ; il avoit pour arme une coignée pefante & mal affilée, de laquelle il frappa & renverfa un malheureux Garde-du-Corps qui fe trouvoit fous

la grille ; il lui hacha la tête de vingt-
huit coups, & renouvella ce genre de
fupplice fur un autre, abattu par une arme
à feu. Cet atroce coquin demande affez
fouvent la charité à l'entrée du bois de
Boulogne ; il a peut-être tendu fa main
meurtriere & reçu l'aumône des infortunés
qu'il a maffacrés. Cette feule idée m'infpire
une fi profonde indignation, que fi jamais
il fe préfente à ma vue, je crois qu'il me
fera impoffible de réfifter au plaifir de
purger la Capitale de ce modele de barba-
rie. Pardonnez-moi, cher Lecteur, ce jufte
mouvement de colere, & convenons en-
femble qu'il faut que la cruauté foit un vice
bien horrible, puifqu'elle eft condamnable
lors même qu'elle paroît néceffaire. Efpé-
rons qu'on nous délivrera des criminels de
toute efpece, & occupons-nous de ceux
que vous fera connoître ma trouvaille,
long-temps embaftillée. Ce manufcrit eft
d'autant plus intéreffant, que plufieurs
honorables perfonnages ont été les agens
de différentes fcélérateffes dévoilées par
une victime injuftement détenue tant à la
Baftille qu'à Vincennes, & peut-être ex-
pirée dans un de ces deux endroits. Le
plus grand hafard m'a procuré la lecture

de cette ouvrage précieux. Je rencontrai, il y a trois jours, un de mes amis : après les propos d'abordage, nous parlâmes du projet de famine qui venoit d'échouer ; nous fîmes, fur tous les membres accufés de félonie, des forties vigoureufement patriotiques ; les épithetes convenables ne furent point épargnées, ainfi que cela fe pratique, dans la chaleur du colloque ; mon ami fe rappella que, parmi différens papiers qu'il a eu le bonheur de trouver à la Baftille, il y avoit une dénonciation au Roi Louis XV. Je le priai très-inftamment de me la communiquer, ce qu'il fit le lendemain, en me remettant un manufcrit graiffeux, dont le papier gris avoit fans doute enveloppé la chandelle de l'Ecrivain captif ; je le lus avec la curiofité d'intérêt qu'infpire tout ce qui eft forti de cette tyrannique fortereffe. L'ouvrage me parut digne d'être offert à tous les bons Citoyens. Affez ordinairement l'écrit quelconque d'un prifonnier eft outré, & devient alors fufpect à tout homme fenfé. Quant à celui que je mets fous les yeux du Public, je crois pouvoir affurer qu'il porte l'empreinte facrée de la vérité & de l'infortune ; c'eft ce qui m'a engagé à le mettre au jour. La fincérité avec laquelle tous ces faits font expofés, les fecrets importans révélés par l'Auteur, nous mettront en garde contre les infidieufes batteries qu'ont fait & que font encore jouer des Accapareurs diftingués, dont toute la fagacité humaine n'a pu jufqu'à préfent découvrir les actions occultes; on y verra avec plaifir les noms de quelques tyrans fubalternes, qui ne fe font enrichis qu'à force de baffeffes & de fripponneries. Je fuis fâché de troubler la tranquillité dont ces Meffieurs, ou leurs héritiers, jouiffent, au moins oftenfiblement; mais il eft de mon devoir de publier fans confidération tout ce qui peut contribuer à arrêter les progrès du crime. Puiffent ces fangfues publiques faire un retour fur eux-mêmes! Ces monftres devroient s'appercevoir qu'un nouvel ordre de chofe ne leur offre plus les moyens de s'enrichir en pillant avec autant d'impunité qu'autrefois: qu'ils effayent de contrefaire, tant bien que mal, les honnêtes gens; ce rôle leur eft d'autant plus facile à jouer, qu'ils peuvent, avec les millions qu'ils nous ont arrachés, s'envelopper dans le manteau de Plutus, qui a toujours eu la vertu de faire paroître un frippon très – honnête homme. O brigands dorés ! vous avez caufé des malheurs dont la fomme eft incalculable ! Mais votre regne eft paffé, & notre illufion fur tous les abus s'eft merveilleufement diffipée. Financiers dévorateurs ! le fyftême actuel doit vous faire trembler ; tout change, & l'on pourroit bien vous forcer à une reftitution complette ; c'eft alors que nous chanterions avec le bon Apôtre Luc : *Efurientes implevit bonis, & divites dimifit inanes.*

Et vous, Meffieurs les Ariftocrates, ou foi – difant tels (car il en eft beaucoup qui, fans s'embarraffer ni de l'étymologie ni de la fignification du mot *Ariftocrate*, le font pour être quelque chofe), fi vous voulez que tout aille bien, n'employez plus des moyens qui vous réuffiffent mal. Graces à Dieu, jufqu'à préfent vos opérations n'ont point été heureufes. Et vous, petits Comtes grimaciers, aimables Marquis en cravates monftrueufes, tâchez d'acquérir des qualités réelles ; remplacez, par des connoiffances utiles, la futilité & l'infignifiance de votre plat jargon ; vous finirez, fans doute, par croire que la hauteur, la fottife & la fierté ne font point des vertus ; prenez pour modeles

quelques perfonnes de qualité, que vous
fihgez très-imparfaitement, & qui, fans
nous étourdir & de leur fortune & de leur
naiffance, &c. nous laiffent modeftement
appercevoir un mérite rare & folide. On
les refpecte, parce qu'ils font vraiment
refpectables. Mais, *apparent rari*........
Pour vous, Meffieurs, vous avez une
répugnance extraordinaire pour tout ce
que vous appellez le Peuple ; il n'eft
pourtant pas fans une certaine prépondé-
rance ; car, en lifant *Magnificat*, que je
me plais à vous citer, je vois clairement
que c'eft ce même Peuple qui *depofuit Po-
tentes de fede & exaltavit humiles*. Allons,
allons, rapprochez-vous un peu du refte
des humains ; ayez tant foit peu de cour-
toifie.... Mais je prêche dans le défert ;
l'habitude eft une feconde nature ; vous
n'êtes point polis du tout : j'obferve avec
douleur que vous affectez de paffer au
milieu de nous comme le Rhône au milieu du lac de Geneve. Cette innocente
métaphore, que vous ne manquerez pas
de trouver déteftable (c'eft une de vos
expreffions), eft cependant très-jufte....

Au demeurant, je fais des vœux finceres
pour votre converfion, & vous engage à

lire attentivement les doléances du fieur Leprévôt ; elles font le fruit d'une longue & dure captivité : je defire que la publication de fon manufcrit donne à fes parens des renfeignemens fur fon exiftence, & fur celle de fes cinq compagnons de Baftille. *Vale.*

DÉNONCIATION *au Roi par son très - humble & très - fidele Sujet* JEAN-CHARLES - GUILLAUME LEPRÉVOT, *originaire de Beaumont-le-Roger en Normandie, successivement & depuis sept ans détenu & tyrannisé dans les Prisons de la Bastille & de Vincennes.*

Veritas perlucet si diligenter inspexeris. Seneca.

SIRE,

De toutes les conjurations que revelent les annales historiques du Monde, il n'en est point de mieux marqué au sceau de Satan, que celle dont la divine Providence m'a fait faire la découverte en 1768.

Ce n'est point sur des soupçons, des rapports, des conjectures ou de fausses relations, que je dénonce cette horrible machination ; c'est d'après son pacte, toujours renouvellé & toujours subsistant d'après son exécution actuelle, d'après des milliers de preuves dans tout le Royaume, d'après les détails les plus circonstanciés de la correspondance des Conjurés, d'après plusieurs révisions & vérifications, d'après même l'aveu forcé du plus coupable d'entre les Conspirateurs, qui, en faisant enlever avec moi cinq de vos Sujets, pour les recéler & persécuter dans vos prisons d'Etat, s'est imaginé de pouvoir cacher ses crimes contre VOTRE MAJESTÉ & contre toute votre Monarchie, en dérobant les papiers qui le condamnent.

Pacte de famine générale.

Vos Ministres, SIRE, pour ne pas vous laisser soupçonner qu'ils pourroient à leur gré faire naître les calamités, vous ont fait accroire, qu'ils n'avoient que vos intérêts & le bien public en vue, & qu'ils croyoient nécessaire, pour prévenir en tous tems les famines, les disettes & la cherté des grains, d'établir en votre nom, à l'exemple du Patriarche Joseph, dans les châteaux, les forteresses & les greniers domaniaux de chaque Province, de prodigieux amas de grains, pour les répandre au tems de la nécessité.

Au premier coup d'œil, cette précaution, qui a paru à VOTRE MAJESTÉ & paroîtra des plus raisonnables à tous ceux

qui ne connoiſſent pas le deſſous des car-
tes, n'eſt pourtant , grace à la divine Providence , nullement néceſſaire en France;
elle n'eſt qu'un prétexte ſpécieux pour les
deſſeins ténébreux de vos Miniſtres, qui
n'ont pas la prudence , la fidélité & le dé-
ſintéreſſement du ſaint Patriarche. Eclairé
du Ciel, il avoit prédit qu'après ſept années d'abondance viendroient ſept années
de famine ; il fut le ſauveur de l'Egypte,
& vos Miniſtres ſont les deſtructeurs de
votre Etat ; il portoit fidelement au tréſor
de Pharaon tout le produit des bleds amaſ-
ſés dans l'abondance , & vos Miniſtres ſe
partagent tous les ans en ſecret les dixaines
de millions qu'ils raviſſent ſur vos Peuples,
gardent le *Tacet* ſur l'énigme ; ils ſe ſer-
vent de votre nom & de votre puiſſance ;
ils ſurprennent votre bonne foi & trom-
pent votre confiance de pluſieurs manieres.
Ils ne diſent pas qu'ils ont formé une conjuration ſecrete contre VOTRE MAJESTÉ
& contre tous ſes Sujets par un pacte avec
le Démon pour affermer votre Royaume
en la maniere que le font vos cinq groſſes
fermes & droits réunis ; mais ſe jouant de
votre crédulité, ils vous attribuent l'honneur de l'imprévoyance. Ils vous flattent,
SIRE, de diſtribuer à vos Peuples, dans

tous les temps de difette & de cherté qu'ils favent provoquer & entretenir facilement par leurs manœuvres, des fecours que ni vous, ni eux - mêmes, ô mon Roi ! ne donnent pas, puifqu'ils les vendent très-ché-rement à leur profit. Hélas ! le dirai-je ? ils vous préfentent, SIRE, à la Nation, tantôt comme un Marchand revendeur de leurs bleds au plus haut prix poffible ; tan-tôt, calomniant votre regne auffi bien que votre Perfonne facrée, ils vous font paffer pour un Monopoleur ; tantôt, & c'eft avec les larmes & la rougeur de la honte que je le trace, ils vous attribuent par ces fur-tives opérations en votre nom, d'être l'op-preffeur & le tyran des François, quoique vous ne le foyez pas, & le plus fouvent comme l'auteur des maux de votre Royau-me, ou tout au moins, comme fauteur de leur monftrueufe conjuration que vous ne pouvez pas foupçonner. Mais, SIRE, fans qu'il foit befoin de raffembler tous les mo-tifs qui juftifient la droiture des intentions de VOTRE MAJESTÉ pour fes Peuples, il fuffit à tout le monde de favoir, qu'il n'eft point d'exemple qu'un Monarque pût fe porter contre lui en agiffant contre fa Mo-narchie, & qu'il n'en eft point auffi qui ait jamais voulu, contre fa confcience,

fon

ſon honneur & ſa gloire, s'entendre avec ceux dont il ſauroit être trahi, pour faire faire divorce avec ſes Sujets ſoumis & dociles, qui de bonne volonté lui paient tous les ans autant de tributs de leur amour & de leur obéiſſance qu'il lui plaît exiger, quoique le pacte fait frauduleuſement, paſſé au nom de mon Souverain, Louis XV, je ſuis bien ſûr que de tous les millions (ou plutôt de tous les milliards) extorqués des François depuis 1720, par Meſſeigneurs les Conjurés, il n'en eſt pas entré un ſol au Tréſor royal. De-là ne faut-il pas conclure que mon Prince, par trop de confiance, eſt trompé, & qu'il ne ſait pas même ſi on le trompe & comment on le pourroit faire ſi hardiment ? Cependant, rien de plus certain que Dieu m'en a fait découvrir les preuves ſans nombre, & par le pacte même dont M. de Sartine m'a ravi des copies, en même-temps qu'il m'a englouti dans les priſons ; au ſurplus, comme je le ſais par cœur, en voici toutes les clauſes principales.

Clauſes majeures du Pacte de famine générale.

Le 12 Juillet 1765, M. Del'Averdy donne

à bail, pour douze années, tous le Royaume de France à trois Publicains millionnaires, qui prennent la qualité d'Intéreſſés dans les affaires de Sa Majeſté, pour en faire enlever tous les grains qu'ils pourront amaſ-ſer. Ces Pablicains ſe nomment, 1°. le ſieur Roi–de-Chaumont, Receveur des Domaines & bois du Comté de Blois, de-meurant rue des Saints-Peres ; 2°. le ſieur Perruchot, ancien Entrepreneur des Hôpi-taux d'armée, occupant le bel hôtel Du-pleix, nommé préſentement le Bureau des bleds du Roi, rue de la Juſſienne ; 3°. le ſieur Rouſſeau, Receveur des Domaines & Bois d'Orléans, rue de Cléry ; tous trois repréſentans en ſous ordre le corps nombreux des Seigneurs conjurés non dé-ſignés, pour les maſquer & ſe maſquer eux-mêmes, ou en public, par un ſeul gé-néraliſſime Agent, qui ſe nomme Maliſſet, auquel on déclare que, pour renouveller le bail précédent paſſé ci-devant au nom-mé Houillard, on lui afferme la France pour douze années, qui expireront le 12 Juillet 1777, promettant de le renouveller alors à lui ou à un autre. Dans pluſieurs articles on lui preſcrit les manœuvres qu'il doit faire & faire faire ; on l'autoriſe d'al-ler exporter, pour les beſoins de l'entreprife , par-tout où il fera néceffaire ; on lui affure un traitement confidérable pour fes peines ; on n'y oublie pas même toutes les bêtes qu'il doit avoir à fon fervice ; on nomme le fieur Goujet pour Caiffier général , à qui l'on ordonne de rendre fes comptes, & dreffer les états de répartitions des produits de l'entreprife, au mois de Novembre de chaque année. Enfin , par le vingtieme & dernier article, on offre à Dieu, pour bénir cette infernale entre-prife , 600 livres à diftribuer aux pauvres *dont on va fuccer le fang*; & M. Del'A-verdy figne, au nom du Roi, quatre ex-péditions de ce bail, qui me femble du ftyle du fieur Cromot.

Noms de plufieurs des principaux Conjurés.

A cette infernale machination, fuivant les découvertes que j'ai faites, font inté-reffés ; 1°. trois Intendans des Finances, MM. Trudaine de Montigny, Boutin, Lan-glois ; le premier, comme protégé de M. Del'Averdy, Préfident de la conjuration ; les deux autres comme fes créatures, ils tiennent chacun une correfpondance dans plufieurs Provinces, dont ils fe font attri-bué le département ; 2°. trois Lieutenans de Police , favoir, M. *Bertin* , en cette qualité de Lieutenant du précédent bail , enfuite comme Contrôleur général , & il n'y a pas lieu de douter qu'il n'ait retenu un intérêt dans le bail actuel. M. de Sartine , pendant plus de dix-huit ans, le plus ardent des Conjurés & leur Procureur général , tenant correfpondance avec les Lieutenans généraux des Bailliages dans tout le reffort du Parlement de Paris, ainfi que je l'en ai fait convenir dans les interrogations qu'il me faifoit à la Baftille , d'où il m'a fait transférer à Vincennes , avec mes cinq compagnons , pour nous recéler s'il ne pouvoit nous corrompre ; M. Albert , à qui j'ai annoncé la conjuration dans fa premiere vifite au donjon de Vincennes, l'an paffé au mois d'Août , & qui n'en a pas informé VOTRE MAJESTÉ , doit néceffairement en être auffi , puifque pour la perpétuer & m'empêcher de la dénoncer, il a bien ofé me dire, en jurant par lui—même , que je ne ne fortirois jamais de ma prifon ; d'ailleurs , il eft certain que nulle entreprife contre l'Etat ne pourroit fubfifter & moins encore s'exécuter fans la jonction & le fecours de la criminelle Police , contre laquelle j'en pourrois déclarer qui ne font propres qu'à elle feule ; car c'eſt du contrôle général & de la baſſe Police que s'émanent la plupart des conjurations contre l'Etat, parce que tous deux ſont en poſſeſſion immémoriale de n'être ni recherchés ni contrôlés, & de ne rendre compte, ni de leur geſtion, ni de leurs biens en entrant & en ſortant de leur miniſtere, que l'on a toujours vu récompenſé; 3°. ſix Miniſtres, Meſſeigneurs Bertin, Del'Averdy, Maynon d'Invau, ſon ſucceſſeur, de Sartine & Duc de Choiſeul; mais ce dernier, au lieu de prendre ſa part au Traité, s'eſt chargé pour lui ſeul & ſes Adjoints de manœuvrer ſur la Lorraine & l'Alſace, de la même maniere que mes autres Seigneurs Conjurés manœuvrent dans tout le reſte du Royaume; 4°. des Membres du Parlement de Paris, amis de MM. Del'Averdy, de Sartine, Boutin & Langlois; 5°. les Cromot & autres premiers Commis de ceux-ci, indépendamment de tous ceux que je ne connois pas, mais qu'il feroit bien facile de connoître tout d'un coup, par les moyens que je pourrois donner à VOTRE MAJESTÉ, ſi elle daignoit vouloir s'en aſſurer pour y remédier ſans peine.

Preſque tous les Contrôleurs généraux, depuis M. Dodun & preſque tous les Lieutenans Généraux de Police, fans en excepter M. Hérault, mon parent, ont entré fuc- ceffivement dans ce fameux complot, parce que tous n'apportoient à leur Miniftere qu'un ardente ambition & une rapace ava- rice ; M. de Machault, en 1750, avoit pour exécuteur de fes entreprifes les nom- més *Bouffé & Dufourny*. Suivant la voix publique, M. Del'Averdy, dans l'efpace de fon quinquennium au Contrôle, avoit dépenfé trente millions à l'Etat, tous ces Contrôleurs Généraux, Intendans des Fi- nances & Lieutenant de Police ont dû prê- ter ferment de fidélité entre les mains de VOTRE MAJESTÉ, & tous l'ont trahi fans pudeur & l'ont mal fervi, il n'y a que Meffeigneurs vos Chancelicrs, & les Com- mandeurs de vos Ordres, qui ne fe font point engagés à ces monftrueufes iniquités, au lieu qu'un Prince de votre Sang n'a pas eu eu honte de s'en raffafier au commence- ment de votre regne, & avec tant d'ardeur, que le public indigné le fatyrife de fon vivant, & publia à fa mort cette fanglante épitaphe.

Cy git le grand Duc de Bourbon;
François ne faites plus la mine,
Il rend compte fur le charbon,
Des vols qu'il fit fur la farine.

Opération sur le pacte L'Averdien.

S'occuper en tout tems, jour & nuit, à conniver, provoquer, fomenter & perpétuer, sinon de cruelles famines, du moins à forcer & entretenir sans cesse les plus longues & les plus grandes disettes, malgré les abondans & continuels secours que la divine Providence daigne nous accorder; régler à son gré la cherté des grains, sans que la Nation sache comment on y parvient dans les meilleures années; mettre le feu à la main d'une partie des Sujets du Roi, pour consommer l'autre; 1°. par les sourdes manœuvres de certains nombre d'Inspecteurs ambulans dans toutes les Provinces, pour les achats & recellement sous les ordres d'un généralissime nommé Malisset; 2°. par des milliers d'Entreposeurs, de Gardes-Magasins, de Meuniers, de Voituriers, de Bateliers pour le transport des prétendus bleds & farines du Roi, de jour & de nuit, par terre & par eau, soit sur les mers en exportations, soit sur les rivieres navigables en importations dans l'intérieur du Royaume; 3°. par d'autres milliers de vanneurs, de cribleurs, d'acheteurs & de revendeurs, tant en grains qu’en farines mixtionnées, toujours au compte, mais pourtant à l’infçu du Roi, fous la proftitution de fon nom & de fon autorité, contre fa religion, fa confcience, fes intérêts & fa gloire, aux dépens même de la tranquillité, de la fûreté & félicité de fa Monarchie ; nier à Dieu, par l’ingratitude la plus monftrueufe, les récoltes abondantes que fa grande bonté ne ceffe de départir aux François ; jetter dans les prifons d’Etat, par de fauffes Lettres de cachet tous ceux qui ont directement ou indirectement connoiffance de l’entreprife, même ceux qui parlent innocemment de ces prétendus bleds du Roi ; maquignoner, emprifonner, les enlever de leur prifon fur de faux Ordres de liberté, contrefaits par la Police, pour livrer à d’autres Geoliers, qui les recelent & perféctent fans ceffe, qui les enchaînent dans les noirs cachots, (j’ai été réduit à cet état l’efpace de treize cens quatrevingt-quatre jours) uniquement ou parce qu’ils veulent dénoncer, ou de peur qu’ils ne révélent, ainfi qu’ils y font obligés par les Loix divines & humaines, les entreprifes contre le Roi & l’Etat. Voilà, SIRE, ce que font vos Miniftres & la Police ; j’ai éprouvé bien d’autres horreurs jufqu’au

29 Août dernier que M. de Malesherbes m'a fait la grace de me vifiter dans ma prifon & de me faire donner du papier, en me promettant de rendre compte de ma détention à Votre Majesté, fur la juftice de laquelle je me repofe maintenant, & parce qu'un bon Miniftre ne faifant qu'arriver au Miniftere ne pourroit pas démêler à fond l'immenfité de la conjuration, dont Dieu a voulu me faire faire la découverte fans l'avoir cherchée. Je me hâte de la dénoncer fommairement à mon Roi, à l'acquit de ma confcience & de mon devoir de Citoyen. Il y a huit ans que j'y aurois fatisfait, fi M. le Duc de la Vrilliere, plus foigneux, eût pu fe perfuader que la principale obligation de fa place étoit de prendre lui-même connoiffance des prifonniers qu'il faifoit, & de les vifiter tous les fix mois, & fi M. de Malesherbes, à qui j'ai donné l'éclairciffement de toutes chofes n'avoit eu la lâcheté de trahir Votre Majesté par fon filence, qui lui a fait prendre plus d'intérêt, fans doute, pour Meffeigneurs fes Confreres, que pour ceux de votre perfonne facrée & pour fes Sujets.

Pratique de la Police pour soutenir le monopole des Conjurés.

Dans les grandes disettes qu'occasionne les opérations à dessein avec la Police, le public ne manque pas de se plaindre; de son côté, le Parlement s'assemble, délibère & ordonne la recherche des causes de plainte, pour en informer VOTRE MAJESTÉ ; la Police s'en allarme; s'il faut se montrer pitoyable, elle affecte de le paroître ; s'il faut calmer les craintes, les défiances, les inquiétudes du public, faire semblant d'y prendre part, elle le fait ; s'il faut permettre des secours abondans , toutefois en les faisant chèrement payer , elle les permet , sachant en quels lieux elle les tient en réserve. Mais faut-il avec une ingénuité feinte, tenir le langage du mensonge , accuser l'intempérie des saisons , rejetter sur elles le malheur des disettes, se plaindre de la providence, par de fausses déclarations au Parlement , pour arrêter ses·recherches? La Police l'a fait ; & Monseigneur de Maupeou , qui étoit Lieutenant alors, le peut dire. Des citoyens démontrent-ils avec l'éloquence de la vérité , par des écrits & des tableaux frappans , que les récoltes , quoique moindres que les précédentes , ne peuvent jamais caufer en France ni difette , ni cherté, quand il n'y aura pas de monopole ? Auffitôt elle met la main fur ces ouvrages , dont les preuves lumineufes l'accablent, puis bientôt elle fait paroître avec oftentation de fauffes réponfes , rédigées conformément à fes deffeins , par des écrivains faméliques , qu'elle tient à fes gages, & toujours la providence & la vérité font attaquées par ces écritures éphémeres , qui difparoiffent pour faire place à d'autres deftinées à la même fin. Les pauvres, ces ames de Dieu, qui, dans les crifes fâcheufes de difette & de cherté , provoqués , ne manquent pas de fe multiplier, viennent-ils mandier leur vie dans la Capitale ? La Police les chaffe , les pourfuit, les arrête & les fait enfermer dans des granges à Saint - Denis. Les boulangers de Paris, qui foupçonnent d'où vient le mal , fans en connoître les premiers auteurs , déclament-ils contre Maliffet , contre la Police , contre le Gouvernement? Alors la Police envoie fes Commiffaires , prier les déclamateurs, de la part de M. de Sartine, de ne point fe plaindre de Meliffet, parce qu'il eft l'homme du Roi. Cependant cet homme obſcur & mal famé, qui craint à la fin de ſuccomber à l’impoſture, demande-t-il (en 1768) aux Seigneurs conjurés de vouloir réſilier ſon bail ? La Police, de l’avis des Seigneurs, le flatte, l’encourage & lui prouvant qu’avec ſa protection & celle du Roi, il achevera ſon bail, & en fera percevoir tous les frais immenſes, juſqu’à la fin de ſes douze années, qui expireront en Juillet 1777, ſauf à le renouveller à lui ou à un autre Généraliſſime ; que des étourdis qui ne veulent s’en prendre qu’au Roi même, comme s’il étoit la cauſe des calamités, oſant murmurer, crier, placarder inſolemment les rues de Paris d’injures contre mon Souverain, & de menacer de brûler la Ville; la Police plus allarmée pour elle-même que des injures adreſſées à VOTRE MAJESTÉ, fait enlever, comme elle le doit, les placards que ces pratiques ont occaſionné; elle arrête les innocens pour chercher des coupables, quoiqu’elle ne puiſſe ſe diſſimuler que tous mes Seigneurs conjurés avec elle, ſont ſeuls auteurs des maux publics. Enfin qu’il arrive, comme en 1767 & 1768, par les ſecouſſes trop violentes de leurs manœuvres, des émeutes, des pillages & autres ſemblables ſouleve-

mens ; mais dans les Provinces où le monopole de mes Seigneurs fe fait fentir
plus fenfiblement , la Police , par les feuiles
imprimées qu'elle y fait répandre , blâme
les Officiers de Juftice des Villes provin-
ciales , de n'avoir pas fçu , à leurs dépens , prévenir ces révoltes , ce qui , fi on
veut l'en croire , leur eût mérité des dé-
dommagemens & des récompenfes de
Votre Majesté. Voilà , SIRE , fur cet
objet une petite partie des pratiques publiques de M. de Sartine , à préfent Miniftre de votre Marine.

Résultat.

Le dépôt des papiers.

Les conféquences de cette conjuration
font fi profondes & fi étendues , qu'on
pourroit défier aux plus habiles écrivains
de notre fiecle de les pouvoir raffembler
toutes en un feul tableau , & s'il eft peu
de perfonnes affez éclairées pour les démêler , il en eft encore moins qui aient
le courage d'en épuifer les perfécutions ,
pour remplir le devoir de citoyen & dire
la vérité fans la farder.

La plus grande partie des opérations
de tout le Miniftère de la finance & de
la Police ne fe rapporte qu'au fuccès de

cette machination, depuis son existence plus que centenaire, elle regnoit sous Louis XIV ; mais si elle a échappé à la vigilance du fameux Colbert , elle n'a du moins ôsé se montrer, ni se lier authentiquement en corps ; elle n'opéroit que par des permissions tacites. Le hardi Machault est peut-être le premier qui ait imaginé de donner à bail la France entiere ; M. De l'Averdy n'a eu qu'à suivre le même plan ; & tout autre le suivroit si mon Souverain , pardonnant aux coupables, n'y mettoit ordre de telle maniere pour l'avenir , que ses successeurs ne puissent se laisser surprendre aussi bien que les peuples.

On ne peut, SIRE, assez s'étonner jusqu'à quel excès d'audace on a ôsé ternir & calomnier votre regne , en se servant abusivement de votre nom, pour mettre sur le compte de votre personne sacrée, une ligue secrette par laquelle on n'entreprend pas moins que de mettre sourdement à contribution chaque année la misere de plus de huit millions de pauvres , sans en excepter aussi plus de douze millions de sujets plus aisés: pesez cette conséquence. Si , par hyporhèse , dans les années d'abondance, la ligue , par sa guerre inteſtine , eſt feulement venue à bout de faire enchérir de 20 ſ. le boiſſeau de fro-ment, elle a dû être aſſurée déjà ſans peine de plus de trente millions ; mais com-bien plus, lorſque la médiocrité des ré-coltes, dans tout ou partie de la France vient au ſecours de la rapacité pour hauſ-fer la vente du boiſſeau de bled , juſqu'au double & triple de ſon prix commun ; certes les dixaines de millions doivent aller par centaines : la'preuve s'en trouve-roit dans les états de répartition & d'émar-gement, ſi les intéreſſés n'avoient ſoin de les brûler après avoir reçu leur contin-gent. Oui, je l'ai dit , & le dis encore pour la derniere fois , il n'a jamais été de-puis la création du monde de conjuration plus ſinguliere par ſa nature, de plus énorme par ſon extenſion , de plus rui-neuſe par ſa durée & de mieux ſoute-nue dans ſon exécution cachée, quoiqu'é-vidente à toute la France contr'elle-même. Que d'autres cauſes aient concouru aux calamités depuis un ſiecle, cela peut être; mais que les famines & les diſettes n'aient eu d'autres principes que les irruptions ſoudaines de cette ſourde & monſtrueuſe entrepriſe , c'eſt de quoi l'on ne peut dou-ter. De ce grand monopole ſont venues

les famines & les difettes de 1693, 1694,
1718, 1720, 1725, 1740, 1750, 1760,
1767 & 1768, & beaucoup d'autres épo-
ques que je ne me rappelle pas mainte-
nantr De-là par progreffion, l'augmen-
tation fi confidérable des biens fonds depuis un fiecle, celle des vivres de toute
efpece, celle des fermages, des terres,
des loyers, de la main d'œuvre, des fa-
laires & des gages. Pourquoi? C'eft que
le bled qui eft le premier néceffaire &
le premier befoin, régle par fon prix forcé
celui de tous les autres befoins de la
vie. De-là les miferes perpétuelles, qui,
durant la paix même, écrafent depuis fi
long-tems les peuples, fans que ni plus
d'un milliard d'impôts & de droits de toute
efpèce levés fur eux tous les ans, & dont
par des abus innombrables, une grande
partie n'entre pas dans l'épargne de Vo-
TRE MAJESTÉ, ni les vexations particulieres
des publicains, ceffent d'augmenter, au
lieu de diminuer. De-là enfin la dépopula-
tion, le divorce, la langueur du com-
merce & de l'induftrie dans une infinité
de branches, & l'abandon total de diver-
fes manufactures qui étoient de grande
utilité.

MES

MES DÉFENSES.

SIRE,

Vos Miniſtres depuis huit ans m'ont mis en pénitence pour leur crime, pour l'avoir découvert, & de peur que je ne le découvre. Quoique je ne doute pas, SIRE, qu'il n'eſt jamais permis de ſe taire, quand il s'agit de ſauver tout le monde, il eſt cependant auſſi déſagréable que malheureux pour moi, qui ſuis le plus petit de vos ſujets, d'être obligé, n'ayant point de haine contre vos Miniſtres, de les accuſer du fond d'un cachot de cauſer ſeuls volontairement preſque tous les maux de votre Monarchie. Le reſpect leur eſt dû, l'obéiſſance même ; mais pour leur plaire, on ne doit pas inculper injuſtement la bonté de mon Souverain des crimes de ſes mauvais ſerviteurs. Il vaut mieux, dit S. Cyprien, découvrir les maux qu'on nous a faits, que de les cacher, ſans eſpérance de reméde ; à quoi le Docteur Nicole ajoute que le mal qu'on couvre en ſe taiſant eſt pire que celui qu'on découvre en parlant ; car quiconque peut empêcher le mal en le dénonçant , & qui ne le fait pas , s'en rend refponfable devant Dieu & devant les hommes , comme s'il l'avoit commis. Je ne pourrois donc taire des conjurations fans y participer ; trahir par le filence , fans être traître ; ni renoncer mon Dieu , mon Roi , ma patrie , fans m'en déclarer l'ennemi. Ce n'eft pas feulement par l'exécution du mal projetté contre le Prince ou contre fon état que l'on devient criminel, difoit M. le Comte de Brionne, occupant la même place de Monfeigneur Amelot, fous la régence de la Reine mere de Louis XIV ; mais par le moindre effai , dans lequel on fe montre capable de le concevoir & de le tenter. Le plus grand Miniftre que la France puiffe citer, le généreux & vaillant Sully dit , au vingtieme livre de fes Mémoires, qu'il n'y a eu que trop de Miniftres infideles pour le malheur de l'Etat; que leur conduite eft toujours équivoque par quelqu'endroit ; qu'il n'eft pas rare d'en voir qui foient difgraciés pour leur cupidité , leurs trahifons & leurs prévarications; qu'il n'eft pas rare non plus qu'ils méritent ce traitement par des procédés reprochables.

La loi univerfelle de tous les Etats , auffi ancienne que les Etats mêmes , fondée fur la loi naturelle , qui fut renouvellée en 1477 par Louis XI , déclare bien pofitivement que celui d'entre tous les fujets de la Monarchie , qui aura connoiffance d'une conjuration contre la perfonne du Roi ou contre l'Etat , & qui ne viendra pas la révéler , fera puni comme les auteurs mêmes du crime , & encourra les mêmes peines de la perte des biens , de l'honneur & de la vie.

Si , en conféquence de cette loi , qu'il feroit plus que jamais néceffaire de promulguer , & remettre en vigueur en France, où il y a tant de traîtres aujourd'hui , le célebre Préfident de Thou perdit la vie fur un échafaud, non pour avoir conjuré, il n'en étoit pas capable, mais feulement pour n'avoir pas dénoncé la conjuration de Cinq-Mars, fon ami; combien plus ferois – je coupable , fi, indifférent aux maux de ma Patrie , je n'ofois , par crainte , ou par lâcheté ; par refpect humain, ou par complaifance ; par intérêt perfonnel , ou par connivence , informer mon Souverain de l'entreprife de fes Miniftres ! Certainement, s'il fe pouvoit qu'il y eût neuf millions de Miniftres coupables au fervice de Sa Majefté , les onze millions de vos fujets , qui ne font pas moins mes freres que Meffeigneurs les Miniftres, feroient à préférer.

Maintenant, graces à Dieu & louanges à mon Roi, me voilà déchargé, pour la feconde fois, de ce terrible fardeau, entre les mains de Monfeigneur Amelot. S'il vous eft plus fidele que Monfeigneur de Malsherbes, & fi je ne fuis pas encore délivré, j'ai du moins lieu de l'efpérer de la juftice de mon Roi, à qui j'aurai encore à dénoncer, auffi-tôt que je ferai en liberté, d'autres confpirations étrangeres à fes Miniftres, dont je n'ai parlé à perfonne. Je fais où en font les preuves ; mais fur combien d'autres objets d'importance mon zele & mon courage m'animeroient à fervir Votre Majefté, auffi-bien que l'Etat, fans aucune vue d'intérêt perfonnel, fi je pouvois feulement obtenir fa protection !

Veuille mon Souverain, remédiant à toutes chofes, mais ufant de fa clémence ordinaire, pardonner à tous Meffeigneurs fes Miniftres que j'ai été obligé d'accufer ; & quand il lui en faudra un pour la guerre, n'en point choifir d'autres que le grand Maréchal de Broglie. Il y a long-tems que les vœux du Public le portent à cette place, que lui déferent fes lumieres, fes vertus & fon défintéreffement. Certainement Votre Majefté ne fera jamais trahie

par celui qui, après l'avoir déjà ſi bien ſervie,
n'en eſt que plus capable de la bien ſervir
encore. Le vrai mérite ne s'offre pas ; au
lieu que l'ambition , l'amour — propre &
l'incapacité s'intriguent ſouvent pour occuper tous les plus hauts rangs.

Veuille auſſi Monſeigneur de Malesherbes , pour faciliter , en un point de con-
ſéquence , l'exercice de ſon miniſtere , &
de la décharge de ſa conſcieece , ne pas
déſapprouver, mais au contraire appuyer,
auprès de Votre Majeſté le projet ci-joint ,
par lequel elle pourroit tout d'un coup ex-
tirper des milliers d'abus qui regnent de
tout tems dans toutes les priſons d'Etat ;
quoiqu'elle ſe ſoit réſervée, depuis deux
ans, la connoiſſances des lettres de cachet,
& qu'elle ait voulu par-là en arréter l'a-
buſive proſtitution, M. de Sartine a bien
trouvé encore les moyens de la tromper &
de continuer les contrefaćtions d'ordres, les
tranſlations , les recelemens & les tyran-
nies. Mais ce projet , ſi Votre Majeſté
daigne l'agréer, préviendra tous les abus
& tous les maux.

Lettre qui accompagnoit ma dénonciation
au Roi.

SIRE,

Il y a tout-à-l'heure huit ans que je
desire, & que je suis empêché, jusqu'à
ce moment, de dénoncer à Votre Majesté la découverte que Dieu m'a fait faire
de la plus insigne conjuration qui ait jamais
existé. Elle s'exécute jour & nuit & en tout
tems contre Dieu, contre votre regne &
contre votre Etat; contre Dieu, on dépouille
son peuple chrétien, principalement ses pauvres, qui font ses élus ; on attaque jusqu'à son essence, en osant, avec la derniere ingratitude, nier ses bienfaits, on
blasphême sa providence : *contre votre regne,*
on séduit Votre Majesté, en la trompant,
on abuse de son nom, de son autorité,
de sa confiance ; on calomnie sa personne
sacrée, en mettant sur son compte les plus
horribles brigandages : *contre votre État,*
on met sourdement tous vos peuples à contribution ; on excite des alarmes & des
émeutes ; on provoque des disettes & des
famines ; on entretient continuellement,
par les opérations du grand monopole, la

cherté des fubfiftances , même dans les années de la plus grande abondance.

De même que les effets naiffent de leurs
caufes , de même cette machination naît
de plufieurs crimes , qui en produifent une
infinité d'autres. C'eft un monftre qui a
pour pere l'orgueil & le menfonge ; pour
mere, l'avarice & l'ambition ; monftre qui
renferme dans fon fein une mine défaf-
treufe , & qui ne croît dans les ténebres,
que pour fe multiplier par une double mul-
titude de forfaits.

N'eft-il pas vrai que fi tous vos fujets
combattent les uns contre les autres , fans
fe connoître , le parti qui refteroit victo-
rieux , ne pourroit jamais l'être qu'aux dépens de l'Etat, qui ne fubfifteroit plus alors
que de fes propres ruines ? Jugez donc, par-
là, Sire, quel défordre , quelle défolation le
pillage fourd & perpétuel de cette conjuration a caufé à votre Monarchie, depuis fon
exiftence déja plus que centenaire , & s'il
ne faut pas tenir pour les plus grands ennemis
de votre perfonne & de vos fujets tous
ceux qui en font les auteurs & les exécu-
teurs.

Votre Majefté defire déjà de favoir quels
font ces auteurs : ce font , Sire , prefque
tous vos Miniftres anciens & nouveaux,

qui, auſſi infideles qu'ingrats, ſe font ſuc-
ceſſivement ligués pour ſe faire un état d'o-
pulence extrême dans l'Etat contre l'Etat.

On voit, dans l'hiſtoire de tous nos Rois,
très-peu de Monarques qui n'aient été trom-
pés, trahis & mal ſervis. L'ambition & l'a-
varice, qui ne peuvent être jamais raſſa-
ſiés, ne diront jamais, c'eſt aſſez. Elles
ont, de tout tems, mis tous les Royaumes
en combuſtion. Le bonheur des peuples
dépendra toujours du choix des Miniſtres,
& de les ſurveiller ſans ceſſe.

Je dévoilerai encore à Votre Majeſté
d'autres conſpirations étrangeres à ſes Miniſtres, ſi-tôt que, de ſa part, Monſeigneur de Malesherbes m'aura mis en liberté, & je ne ceſſerai, en rempliſſant
mon devoir de Citoyen & de Patriote, de
prouver que je ſuis très-reſpectueuſement

S I R E,

DE VOTRE MAJESTÉ,

> Le très-humble & très-fidele
> ſujet,
>
> LE PRÉVOT.